Qu'est ce que la Bourgeoisie?

PAR

A. VAVASSEUR

Avocat à la Cour d'Appel de Paris

MAIRE DU 2e ARRONDISSEMENT

PRIX 1 Fr.

PARIS

ANCIENNE LIBRAIRIE THORIN ET FILS

ALBERT FONTEMOING, ÉDITEUR

Libraire du Collège de France, de l'École Normale Supérieure,
des Écoles Françaises d'Athènes et de Rome
et de la Société des Études historiques

4, RUE LE GOFF, 4

1897

Qu'est ce que la Bourgeoisie?

PAR

A. VAVASSEUR

Avocat à la Cour d'Appel de Paris

MAIRE DU 2ᵉ ARRONDISSEMENT

PRIX 1 Fr.

PARIS

ANCIENNE LIBRAIRIE THORIN ET FILS
ALBERT FONTEMOING, ÉDITEUR
Libraire du Collège de France, de l'École Normale Supérieure,
des Écoles Françaises d'Athénes et de Rome
et de la Société des Études historiques
4, RUE LE GOFF, 4

1897

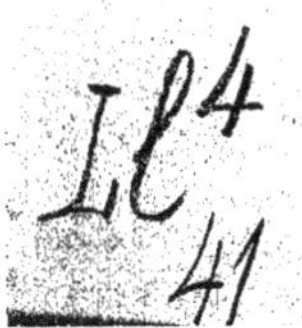

QU'EST CE QUE LA BOURGEOISIE?

Cette Étude est divisée en deux parties, intitulées :

La première : **BOURGEOISIE ET PEUPLE**, ayant paru dans la *Nouvelle Revue,* N° du 19 Avril, 1897.

La deuxième : **LA BOURGEOISIE DANS LE PASSÉ,** complément et justification de la première, publiée dans la *Revue des Études historiques,* 1897, N° 1.

PREMIÈRE PARTIE

BOURGEOISIE ET PEUPLE[1]

[1] Extrait de la *Nouvelle Revue*, N° du 15 Avril 1897.

BOURGEOISIE ET PEUPLE

Le bourgeois, c'est l'ennemi. — La guerre au capital,
personnifié dans la bourgeoisie.

De tout temps il a été de mode d'attaquer la bourgeoisie.
Autrefois ce n'était que par le ridicule ; Molière se moquait du
bourgeois-gentilhomme, mais M. Jourdain est mort et n'a pas
laissé de successeur, le type est aujourd'hui disparu.

Plus près de nous, sous le régime censitaire, le bourgeois,
électeur et juré, était criblé de flèches par les romantiques et les
politiques ; le bourgeois, c'était le garde national, c'est-à-dire un
fantoche dont on riait. Le rapin, dès avant Gavroche, voulait
« épater » le bourgeois ; mais l'ironie ne tournait pas encore à
l'injure, encore moins à la haine. Aujourd'hui c'est à l'invective
et à l'outrage qu'on a recours ; la bourgeoisie est dénoncée à
l'indignation publique ; c'est à qui flétrira sa cupidité, son égoïsme ;
pour certaines feuilles, l'appeler infâme bourgeoisie est passé à
l'état de cliché quotidien ; la menace suit l'insulte, et au jour
prochain de l'expiation, elle sera vouée à la spoliation et à la
mort. Le bourgeois, voilà l'ennemi.

Les violents ont trouvé des alliés parmi ceux mêmes qu'ils
combattent. Les uns, par sentiment, quelques autres, par dilet-
tantisme, se sont joints aux rudes contempteurs de la bourgeoisie et se sont plaints de son indifférence devant les iniquités
sociales, de sa sécheresse de cœur devant les misères populaires.
François Coppée, le doux poète ami des humbles, devenu poète
tragique ennemi de toutes les tyrannies, s'attendrit devant l'humanité souffrante et s'élève contre les puissants du jour, pos-
sesseurs de tous les biens dont ils refusent une parcelle aux
déshérités. Les cérébraux, dont les yeux restent secs et le cœur
froid, renchérissent sur ces doléances, et d'un air dégagé, pour faire
montre de bon ton, accusent le bourgeois de manquer d'altruisme. .

L'altruisme : un mot inventé, ou peut-être importé par nos psychologues, car il sent le pédantisme germain, pour l'opposer à notre vieux mot latin, l'égoïsme.

Pourquoi ce néologisme ? Pour désigner apparemment l'amour d'autrui, à moins que quelque subtile nuance ne l'en distingue, comme ils ont essayé de le faire en créant l'égotisme à côté de l'égoïsme. Nous avions, au temps de la foi chrétienne, la charité, sans doute aujourd'hui démodée, car c'est une vertu trop théologale pour les esprits affranchis ; on s'est efforcé de la déraciner des cœurs pour écrire sur les drapeaux et les monuments le mot fraternité, vertu républicaine, quelque peu farouche, qui a prétendu jadis s'imposer à tous par la menace : la fraternité ou la mort.

Le mot révolutionnaire a fait fortune, et il est devenu le premier article du *Credo* populaire ; il est à croire qu'il durera plus longtemps que l'altruisme des psychologues bourgeois.

De cette fraternité, les bourgeois sont naturellement exclus ; c'est la caste abhorrée ; et ces nouveaux parias, par une fortune bizarre, ameutent contre eux amis et ennemis.

Ce sont ces amis qu'il importe d'avertir ; il faut leur montrer qu'ils manquent de clairvoyance en faisant chorus avec nos communs et redoutables adversaires. Sans nul doute, leurs lamentations émanent de consciences honnêtes, et leurs sentiments sont respectables ; nous aussi, nous tous, nous partageons leur ferveur, et nous sommes émus de la même commisération pour les souffrances humaines, mais nous avons le droit de leur dire : vous faites une effroyable confusion en attaquant ce que vous appelez la classe bourgeoise tout entière, au lieu de vous restreindre à ceux que l'Évangile appelait plus justement le mauvais riche.

Là est le danger, là aussi est l'erreur. Le danger, parce que vous comprenez d'honnêtes gens dans une réprobation générale, frappant à la fois les innocents et les coupables. L'erreur, parce que la bourgeoisie n'existe plus, ni à l'état de classe, ni même à l'état individuel ; car il serait impossible, dans la masse sociale telle qu'elle est aujourd'hui composée, de tracer une démarcation sûre, de donner de la bourgeoisie, ou du bourgeois, une définition précise, limitée et caractéristique.

La bourgeoisie n'est plus qu'un fantôme, contre lequel on s'escrime ; et si, parmi les assaillants, il n'y avait que des don Quichotte échauffés, on pourrait les laisser faire et rire de leur inconscience ; mais il y a les fanatiques qui s'acharnent après ce fantôme, parce qu'il est pour eux la personnification du capitalisme ; ils se préoccupent peu des définitions grammaticales, et pour ces esprits simplistes, les bourgeois, ce sont les capitalistes. C'est donc au capital qu'ils font la guerre, et, pour que nul ne puisse s'y méprendre, ils ont imaginé, en ces derniers temps, de flétrir la propriété de ce qualificatif, la propriété capitaliste, qu'ils veulent remplacer par la propriété sociale, commune ou collectiviste.

Et alors vous tous, philosophes débonnaires, poètes généreux et naïfs, politiciens à la fois conservateurs et démagogues, tous animés des intentions les plus pures, qui croyez à la nécessité et à la légitimité de la propriété individuelle, fondement inéluctable de la liberté humaine, vous accordez votre alliance aux ennemis de tout ordre social, vous tendez la main aux fauteurs de l'anarchie ; vous êtes leurs complices inconscients, car vous faites la guerre au capital sans le vouloir ni le savoir.

Serez-vous donc toujours dupes de cette haïssable équivoque ? Équivoque maudite, a dit Boileau,

> Qui croit rendre innocents les discours imposteurs,
> Tourment des écrivains, juste effroi des lecteurs.

II

Les mots et les choses : Peuple, plèbe, prolétariat, bourgeoisie. Sens divers, autrefois et aujourd'hui. — La bourgeoisie n'existe plus.

Les mots ont leur vie propre, qui n'est pas toujours celle des choses. La chose tombe en désuétude et disparaît, ou par une brusque révolution, ou par une lente évolution ; et souvent le mot lui survit, quoique n'exprimant plus que le passé, n'évoquant plus qu'un souvenir ; ou il arrive encore que le mot a changé de sens et prend une signification nouvelle : « Tout change d'aspect et de sens, dit M. Darmesteter (1), quand les lettres et les sons ont gardé absolument la même forme. »

De cela, il serait facile de citer de nombreux exemples. Pour

____
(1) *Revue bleue*, n° du 11 avril 1896.

ne pas nous éloigner de notre sujet, arrêtons-nous sur le mot
« peuple ».

A Rome, le peuple ne formait d'abord qu'une classe distincte
et privilégiée ; lorsque les lois étaient promulguées « au nom du
Sénat et du peuple romain », cela ne s'entendait que des patri-
ciens. Au-dessous d'eux, il y avait les plébéiens, *plebes*, qui
luttèrent pendant des siècles pour conquérir l'égalité politique
et civile ; ce n'est que successivement, et lambeau par lambeau,
qu'ils arrachèrent des concessions obstinément refusées : le droit
de posséder, l'accession aux fonctions publiques, au Sénat, au
Consulat, à la préture. L'égalité ne fut réalisée que le jour où,
par le plébiscite, ils participèrent à la puissance législative.

Chez nous, le mot eut des destinées bien diverses. Sous l'ancien régime, nobles et parvenus s'en servaient comme d'un terme
de mépris. La Révolution vengea ce passé en élevant le peuple
sur le pavois ; ce fut le peuple souverain. Plus tard, sous la Res-
tauration, lorsque l'aristocratie au pouvoir devenait menaçante
pour les libertés publiques et tentait de s'ériger en classe supérieure, les libéraux prenaient plaisir à glorifier ceux qui, émergés
de la foule, avaient conservé les qualités morales et même phy-
siques du peuple. C'est ainsi que Lamartine disait de Béranger :

> Bras, tête et cœur, tout était peuple en lui.

Aujourd'hui, nous revenons à l'égalité révolutionnaire ; le
peuple, c'est tout le monde ; le peuple français, c'est la nation
tout entière, pauvres et riches, ignorants et savants. Devant le
suffrage universel, nous sommes tous égaux et libres.

Mais, dira-t-on, nous avons, comme à Rome, « les prolétaires ».
Encore un mot ondoyant et variable, terme de dédain dans le
monde antique, aujourd'hui revendiqué, non sans ostentation,
par quelques exaltés ivres d'orgueil et prêts à la révolte.

Qu'est-ce donc que le prolétariat ? Est-ce la plèbe des Romains ?
Mais qu'était-ce la plèbe elle-même ? C'était la multitude, a-t-on
dit : explication facile, mais qui n'explique rien. On dispute encore
aujourd'hui sur le sens du mot prolétaire ; la controverse est toute
fraîche ; car à une définition donnée par le regretté Burdeau dans
ses *Notes sur le collectivisme* (1), M. Michel Bréal oppose la sienne.

____

(1) Publication posthume dans la *Revue politique et parlementaire*, n° d'octobre 1895.

Suivant Burdeau, le prolétaire, « c'est l'homme qui, placé dans une condition humble, pullule à l'excès et procrée des êtres qu'il ne pourra ni élever ni pourvoir, et qui seront une charge pour la société ».

Tel serait le sens d'après l'étymologie, mais M. Bréal le conteste : « *Proletum* était un vieux mot qui désignait le peuple, la multitude ; c'était un synonyme de *plebs* et de *populus*, car tous ces termes tirent leur signification de l'idée de pulluler. *Proletarius*, dérivé de *proletum*, voulait dire homme du peuple, rien de plus (1). »

Voilà nos prolétaires dépouillés de l'auréole ultra-démocratique ; mais ils y tiennent et vous verrez qu'ils résisteront.

Qu'est-ce donc maintenant que la bourgeoisie, dans l'acception moderne du mot ? Là encore, nous trouvons plusieurs sens, même cumulativement employés.

Il y a d'abord un sens restreint, dont se sert le vocabulaire populaire. Les bourgeois, ce sont les oisifs, vivant de leur revenu. Aux yeux de l'ouvrier, le bourgeois, c'est le rentier. C'est ainsi qu'on dit : vivre bourgeoisement, ce qui veut dire : vivre dans l'aisance et sans travailler.

Il y a un sens plus général, qui ajoute à la bourgeoisie désœuvrée ceux qui se livrent aux professions libérales, médecins, artistes, avocats, les fonctionnaires et employés, les industriels et les commerçants, tous ceux en un mot qui, trouvant des ressources dans l'exercice d'une profession ou d'un métier, se distinguent par leur instruction, leur genre de vie, leur tenue, de la masse des travailleurs manuels.

Il semble qu'il y ait là deux classes tranchées, d'un côté, le bourgeois, oisif ou travaillant, de l'autre, l'ouvrier manuel. Mais dans la classe prétendue supérieure, combien il y a de déchets ! Car il y a la haute, la moyenne, la petite bourgeoisie ; et dans les rangs inférieurs de celle-ci, combien y en a-t-il, en quête de clientèle, végétant dans l'obscurité, cloués au rond de cuir éternel, affamés de réputation, de gloire et d'argent, qui sont plus dénués, souvent plus misérables que beaucoup d'ouvriers vivant du travail de leurs mains ! Ces institutrices qui gagnent 1,200 francs par an ou moins encore seront-elles des bourgeoises ? Et ces demoiselles de magasin, ces premières, qui ont 8,000 à 10,000 francs

(1) Même *Revue*, 1896.

de traitement, seront-elles des ouvrières? Où sera la limite séparative entre les deux soi-disant classes ? Il n'y a que de bien vagues frontières, et si la lutte éclate, on risquera souvent de tirer sur les siens.

M. Bardoux a fait une histoire intéressante de la *Bourgeoisie française;* mais il ne faut pas croire qu'il attache à ce terme une idée de caste. Loin de là ; il déclare expressément « qu'il n'y a plus de classes distinctes dans ce pays où les voies sont ouvertes à tous (1); que la propriété n'est point un privilège, tout le monde pouvant y parvenir; qu'il n'y a pas de castes ennemies, avec l'égalité des charges, et le droit de tous aux emplois... (2) »

Mais, pour les socialistes, le terme bourgeoisie a un autre sens, inspiré par leur hostilité contre ceux qui possèdent. Louis Blanc (3), opposant la bourgeoisie au peuple, définit la première « l'ensemble de ceux qui possèdent des instruments de travail et un capital ». Et le peuple comprend « ceux qui ne possèdent aucun capital dépendant d'autrui ». Louis Blanc était un précurseur, et il avait deviné la formule nouvelle : les bourgeois, ce sont les capitalistes.

La définition est d'ailleurs incomplète, car il y a nombre de personnes qui ne détiennent pas la propriété capitaliste, et qui ne méritent pas moins d'être flétris du nom de bourgeois ; ainsi, par exemple, ceux qui, sans posséder de fortune acquise, occupent de hautes fonctions publiques, ou des emplois très rémunérés, hauts bonnets de l'administration, de la finance ou de l'industrie. Demandez aux amis du peuple, si tel ingénieur, tel directeur d'usine, n'ayant pour tout bien que son traitement, n'est pas aussi haïssable qu'un bourgeois bien renté. M. de Rességuier et ses congénères ne sont-ils pas des exploiteurs et des affameurs ?

Malgré cette addition, nous ne sortons pas d'embarras. Dans les situations intermédiaires, il y a encore beaucoup de non-capitalistes, à mains blanches, et qu'on ne saura où classer. Voici un député, qui n'a d'autres ressources que son traitement, sera-t-il bourgeois ou ouvrier ? Le légendaire Thivrier avait trouvé un truc ingénieux pour lever le doute ; il portait la blouse

------

(1) Page 314.
(2) Page 352.
(3) *Histoire de dix ans*, p. 6

au parlement pour cacher la redingote qui l'aurait trahi. Mais que
penser de ces autres, qui n'ont pas voulu du déguisement, de
ces garçons coiffeurs, de ces mineurs, de ces cabaretiers, transformés en législateurs et ne faisant œuvre de leurs doigts ? Ils
pourront se dire, pour conserver leur noblesse originaire,
ouvriers de la politique, comme certains écrivains chevelus se
proclament ouvriers de la pensée.

On tombe dans la logomachie, et c'est inévitable, le mot ne
correspond plus à la chose; le mot a naturellement gardé sa
rigidité littérale; tandis que la chose s'est déformée, émoussée
et divisée, au point de devenir insaisissable; le plus habile rhé-
teur ne parviendrait pas aujourd'hui à reconstituer le corps de la
bourgeoisie.

Toute notre histoire l'atteste, l'ancienne bourgeoisie, la classe
bourgeoise a disparu, fondue avec la noblesse et le clergé dans
le creuset révolutionnaire qui a fait de tous les Français des
citoyens égaux.

III

**La bourgeoisie, au XIXe siècle, devient une caste censitaire. — La Révolution
de 1830 maintient le cens électoral. — Suffrage universel établi par la
Révolution de 1848; il n'y a plus de classes.**

Cette fusion des classes n'a été, dira-t-on, qu'apparente; si la
bourgeoisie n'a plus existé à l'état de caste légale, elle est restée
une caste sociale distincte; et pendant la première moitié du
siècle, elle a même essayé de se séparer du peuple, de se super-
poser à lui par le privilège électoral. Il s'est formé, selon l'expression de M. Bardoux (1), une aristocratie des censitaires « qui
prenait tous les caractères d'une caste », disposant en fait de
toutes les faveurs administratives et jouissant, en réalité, de privilèges d'autant plus dangereux qu'ils résultaient uniquement de
l'arbitraire et du bon plaisir. Sous ce régime électoral, il n'y
avait pas beaucoup plus de 200,000 électeurs, et le gouvernement
de juillet, avec une obstination qui devait amener sa chute, refusa
même l'adjonction des capacités, réforme anodine qui eût sinon
évité, du moins ajourné la révolution.

____

(1) _La Bourgeoisie française_, p. 425.

Mais il est à noter que cette caste qui se reformait en effet, ce n'était point la caste bourgeoise, mais une caste de création nouvelle, la caste censitaire, et la nation n'était plus partagée qu'en deux classes, celle des votants, et celle des non votants, dualité qui, au surplus, devait disparaître avec l'adoption du suffrage universel en 1848.

Jusque-là, ce fut une guerre sans trêve de la part des exclus, revendiquant leur droit à la vie politique. Ils trouvèrent d'ardents défenseurs, qui, pour exploiter cette néfaste division produite par le cens électoral et mieux accuser l'antagonisme, voulurent personnifier les deux partis politiques sous des noms correspondant à la classification légale. D'un côté ce fut la bourgeoisie, de l'autre le peuple, séparés par une barrière visible, se défiant et se menaçant comme d'irréconciliables ennemis.

Écoutez Louis Blanc, se faisant l'écho des récriminations populaires contre la bourgeoisie : « La Révolution de 1830 a été faite ou escamotée par les bourgeois à leur profit ; c'est pour eux que le peuple a combattu et versé son sang ; il a été payé de la plus noire ingratitude. La bourgeoisie n'a pas voulu renverser le trône, mais seulement changer de dynastie ; elle avait peur de la Révolution, redoutait la populace et n'aurait pas voulu dépasser la résistance légale (1). » Mais ce langage est si exagéré qu'au cours de son réquisitoire, Louis Blanc, vaincu par l'évidence et se dégageant de tout esprit sectaire, se fait lui-même le défenseur de la bourgeoisie libérale, ayant eu, dit-il, ses héros et ses martyrs, tombés glorieusement pour la cause du peuple. Il fait même cet aveu (2), qui a dû lui coûter, que le peuple, tenu dans l'ignorance, encore obsédé des souvenirs de la gloire impériale, était aussi « incapable de désirer que de prévoir ». Il suivait docilement l'impulsion donnée par les bourgeois, et c'est au cri de : Vive la Charte qu'il se faisait tuer derrière les barricades. N'est-ce pas reconnaître que le temps n'était pas encore venu pour asseoir la République, et n'est-il pas facile de comprendre que ses rares partisans ne durent pas être suivis, qu'il n'était pas temps encore d'éliminer la classe dirigeante, dont le rôle historique, jamais abandonné, consistait à préparer et à aplanir les voies pour l'avènement de l'état démocratique.

(1) *Histoire de dix ans*, p. 160 et suiv. — Voir aussi M. de Rivalière, *Revue bleue*, 1896, p. 51.

(2) Page 165.

On voit par là combien est injuste l'accusation portée contre la bourgeoisie d'avoir détourné à son profit la Révolution de juillet 1830.

Dans leur généreuse impatience de l'avenir, ces hommes qui, comme Louis Blanc, voient reculer sans cesse l'idéal rêvé, se sentent parfois envahir par le désespoir; ils maudissent la tyrannie éternelle qui pèse sur l'humanité; ils en viennent à nier les progrès accomplis au cours des siècles. Dans une éloquente imprécation, Louis Blanc s'écrie : « Que la tyrannie s'exerce par la superstition, par le glaive ou par l'or; qu'elle se nomme influence du clergé, régime féodal, ou règne de la bourgeoisie, qu'importe à cette mère qui pleure sur le fruit de ses entrailles !...

« ... Esclave, serf ou prolétaire, celui qui souffre depuis le berceau jusqu'à la tombe trouvera-t-il, dans les qualifications changeantes d'une infortune qui ne change point, des motifs suffisants pour absoudre la Providence (1)? » Mais, à ce point, l'éminent historien se reprend, craignant de prononcer « une parole impie » et de proférer « un blasphème ». Il se résigne à dire, avec une bonne foi touchante : « Ne parlons pas d'efforts humains sans résultats. Nous condamnerions peut-être comme absurde le cours des fleuves si nous ne connaissions pas l'Océan. » Ces fleuves, il faut au contraire les bénir; ils sont l'image du progrès toujours en marche, arrosant et fécondant les campagnes, déversant leurs ondes dans l'immensité, et parfois, comme dans les cataclysmes sociaux, inondant et ravageant les moissons que leur bienfaisante fraîcheur avait fait mûrir. Puis les eaux se retirent, le soleil reluit, et le progrès, un instant interrompu, reprend sa marche en avant, jamais las, jamais découragé. La Révolution n'a été qu'un accident et devient une évolution.

Ainsi en 1848, au milieu des jours sombres, alors que l'ouragan populaire ébranlait la société jusqu'en ses assises, on vit, la tourmente passée, le suffrage universel émerger des ruines, réaliser enfin l'égalité politique ajoutée à l'égalité civile, et réunir tous les Français sous le drapeau de la République, proclamée par cette bourgeoisie libérale, qui compléta ainsi l'œuvre poursuivie depuis des siècles avec une courageuse persistance.

Et dans ce triomphe final, elle se suicida; car tout signe

____

(1) Page 190.

distinctif ayant disparu, il n'y a plus de castes, plus de classe dirigeante ; et si l'on parle encore des classes moyennes, c'est par une
habitude de langage qui ne correspond à aucune idée précise.

Tous ces termes, dont on continue à se servir couramment,
sont dangereux en ce qu'ils rappellent des inégalités disparues,
toujours discutées et violemment combattues comme si elles
existaient encore ; la bataille continue dans le vide et l'on guer-
roie contre des fantômes.

Ah ! sans doute il y a des riches et des pauvres, mais qui ne
forment point deux classes distinctes. Où donc serait la limite
séparative ? On aperçoit les extrêmes, mais au milieu il y a une
masse indécise et flottante, où se mélangent des états divers,
difficiles à reconnaître, et qui ne sont ni la pauvreté, ni la
richesse ; depuis le simple état de gêne jusqu'à la petite aisance,
et à cette aisance encore modeste qui, suivant l'expression vul-
gaire, et par des miracles d'économie, parvient à joindre les
deux bouts. Tout cela d'ailleurs purement relatif, et selon les
personnes, dont les unes se trouvent riches avec peu, et les
autres pauvres avec beaucoup.

Ajoutons que rien n'est plus mobile ni plus variable, non pas
seulement au centre, mais à tous les degrés ; ce sont des dépla-
cements continuels, les uns s'élevant, les autres s'abaissant, sans
jamais un point fixe qui permette de saisir dans l'ensemble une
classification quelconque.

Il n'y a donc plus, il ne saurait plus y avoir lutte de classes,
et c'est par une déplorable équivoque, par une fausse réminis-
cence que cette expression s'est introduite ou maintenue dans la
polémique des partis.

Il est temps de rentrer dans la vérité, et il importe de con-
stater que la lutte est poursuivie contre ceux qui possèdent de
la part de ceux qui ne possèdent pas ou en leur nom. C'est donc
la lutte des pauvres contre les riches, c'est la guerre au capital ;
et le socialisme collectiviste entend, par la persuasion ou la
révolution, se substituer à la propriété individuelle.

Dès lors il n'y a plus que deux partis en présence, les défenseurs et les ennemis de la propriété, car on peut éliminer,
comme aujourd'hui négligeables, les divisions d'ordre simplement
politique, et même les prétentions dynastiques, épaves d'un
passé à jamais disparu sous l'édifice républicain définitivement
construit.

IV

Améliorations sociales par les mœurs et les institutions. — Loi du progrès, activée par l'utopie. — Œuvres privées, individuelles et collectives. — Subventions.

Est-ce à dire que pour les défenseurs de la propriété tout doive être considéré pour le mieux, et que la société satisfaite doive s'immobiliser, se pétrifier dans la stupide admiration d'elle-même? Non, certes, ce serait un blasphème, le blasphème que Louis Blanc a été bien près de commettre, de nier la loi du progrès qui, de plus en plus, doit gouverner l'humanité, devenue plus éclairée et plus exigeante. Il faut donc avoir en vue l'amélioration constante du sort commun et s'efforcer, par les mœurs, par les institutions, d'accroître le bien-être de tous, et surtout d'atténuer les misères imméritées de tant d'êtres qui seraient disposés à demander les moyens de vivre au travail plus qu'à l'aumône.

C'est une loi inéluctable aussi, la première des lois naturelles et humaines, celle de la solidarité sociale, qui impose à tous les hommes des devoirs réciproques et les oblige à se secourir dans le besoin. C'est ici pourtant qu'il faut savoir se contenir, réprimer les élans inconsidérés et rester dans la limite des réalités possibles, sous peine de verser dans l'utopie.

De l'utopie, après tout, il ne faut pas trop médire; si elle poursuit un idéal qu'elle n'atteindra jamais, du moins elle nous montre la voie. D'ailleurs, elle n'est pas à craindre, parce qu'elle ne saurait parvenir à changer la nature intime de l'homme, à transporter le cœur de gauche à droite. D'autre part, elle a cet avantage, par ses revendications bruyantes et généreuses, de remuer l'égoïsme, d'ouvrir les yeux de ceux qui ne veulent pas voir, d'appeler l'attention et la pitié sur les misères humaines; elle concourt ainsi à l'adoucissement des mœurs; elle introduit plus de bienveillance dans les rapports économiques du travail et du capital, provoque l'augmentation des salaires, les participations du salarié aux bénéfices, accroît la considération due aux employés, ouvriers et travailleurs de tout ordre; elle pousse les patrons et employeurs à s'intéresser à leurs subordonnés, même à ceux qui sont à notre service personnel, à nos domestiques. La

Révolution, soucieuse de leur dignité, les avait décorés du nom d'officieux; si nous avons trouvé l'étiquette un peu pompeuse et leur avons restitué l'ancien nom, plus familier, disons même plus familial, puisqu'il les rattache à la maison, il ne faut pas que ce soit pris comme une marque de dédain, mais bien plutôt comme un indice de protection. Aujourd'hui, et c'est un signe des temps, on se préoccupe de leur sort plus qu'autrefois; on étudie leur situation; on publie sur eux, et pour nous, des livres et des brochures, où l'on nous conseille la mansuétude, la tolérance envers eux, où l'on nous recommande une sorte de tutelle morale pour avertir et conseiller, pour corriger plus que réprimer, pour leur faire oublier l'infériorité de leurs services, et par une bienveillance constante, essayer de faire pénétrer dans leurs cœurs des sentiments de reconnaissance et d'affection. Il faut aller plus loin encore et songer à leur avenir, faciliter leur établissement s'ils vous quittent et, s'ils restent, assurer leur vieillesse contre le besoin.

Soyez sûrs que vous obtiendrez ainsi plus de dévouement; les bons deviendront meilleurs, et les médiocres, qui sait? deviendront peut-être bons. Le devoir accompli se conciliera avec l'intérêt bien entendu.

Mais ce sont là œuvres individuelles, et par cela même limitées. Où le progrès doit se manifester avec plus d'évidence et d'efficacité, c'est dans les œuvres collectives, dans ces associations multiples qui, sous toutes les formes, se proposent de venir au secours de l'enfance et de la vieillesse. Qui ne connaît ces caisses d'écoles, fondées et entretenues par des souscriptions privées, et qui fournissent aux enfants pauvres, pour leur permettre de fréquenter l'école primaire, des vêtements, des chaussures, même des aliments? C'était bien de décréter l'école obligatoire, mais quelle figure y aurait fait le pauvre enfant mal vêtu, ou insuffisamment alimenté? On a créé des cantines scolaires accessibles à tous les écoliers; pour les jeunes malades on a établi des dispensaires, pour les petits enfants des crèches, pour les adultes des patronages laïques, pour les employés et ouvriers, des bureaux de placement gratuit; il y a des sociétés d'allaitement maternel, de prêt de couvertures, etc. C'est de la part de tous une fraternelle émulation pour découvrir des combinaisons ingénieuses en vue de rechercher et de soulager toutes les misères.

Mais la tâche est immense, et l'initiative privée serait impuissante à l'accomplir si l'État ou la commune ne venait à son aide par des subventions. Dans quelle mesure cette intervention doit-elle se produire? Ici les meilleurs esprits sont divisés; il y a ce qu'on a nommé l'école dure, reprochée aux économistes par les politiciens avisés, partisans de l'école tendre. Mais quelque dure que soit la première, elle n'a pas le cœur bardé d'un triple airain; elle est d'ailleurs moins dure qu'elle ne s'en vante par esprit doctrinal, car elle consent comme l'autre, dans des proportions peut-être plus restreintes, à ces subventions sans lesquelles les œuvres particulières courraient le risque d'avorter ou ne donneraient que des résultats insuffisants. Si l'État n'agit pas lui-même, son devoir est d'aider les citoyens de bonne volonté.

V

L'assistance publique à réorganiser. — Essais insuffisants.
Tout encore controversé; le principe, même le nom.

D'ailleurs, l'État ne doit pas se désintéresser de la tâche, et l'assistance publique est pour lui un devoir impérieux. Qu'il ne croie pas s'en être acquitté par l'établissement des caisses d'épargne et de prévoyance. Sans doute il a fait ainsi un acte de sage philanthropie, mais utile seulement à ceux qui ont du superflu, non à ceux qui manquent du nécessaire. L'État a d'autres devoirs, et il l'a compris en organisant le service des secours publics, mais avec combien de tâtonnement et d'hésitations persistantes!

On n'est pas même fixé sur le principe. De la part de l'État est-ce une simple obligation morale, ou l'indigent a-t-il un droit au secours? La Convention n'avait pas hésité à déclarer que c'était « une dette nationale et sacrée », la société devant la subsistance aux citoyens malheureux, soit en leur procurant du travail, soit en assurant les moyens de subsister à ceux qui sont hors d'état de travailler. La Révolution de 1848 aussi avait proclamé le droit à l'assistance, mais limité « aux enfants abandonnés, aux enfants et aux vieillards sans ressources que leurs familles ne peuvent secourir ». Et cette disposition a été abrogée par la constitution de 1852.

Le nom même du service a varié selon les régimes; tantôt c'est la charité, puis la bienfaisance et enfin l'assistance.

Quel qu'ait été le nom et sous quelque régime que ce soit, il est certain que l'on n'a jamais atteint la perfection; aussi a-t-on essayé toutes sortes de remaniements législatifs et administratifs; un nouveau règlement sur l'assistance publique à Paris vient de succéder à toute la série des anciens et déjà l'expérience a révélé ses défauts.

En Angleterre, le droit à l'assistance est reconnu à l'indigent, mais pour aboutir à son introduction dans le *workhouse*, qui lui fait cruellement payer son rachat de la misère; il y a, paraît-il, une loi nouvelle en préparation où l'on s'efforce de trouver une solution plus humaine.

Chez nous, depuis quelques années, il s'est créé, par voie d'initiative privée, des sociétés embryonnaires d'assistance par le travail, mais qui ne semblent pas devoir réaliser de sitôt les promesses contenues dans leur titre.

Quelle noble mission se donnerait un gouvernement qui entreprendrait ces améliorations sociales! Chacun aime à se dire ami des réformes; on clame partout et bien haut son ardent amour du bien public, et il ne se produit rien qu'une agitation stérile; les plus grandes batailles parlementaires ne sont que des explosions d'ambitions personnelles; on s'évertue à rédiger de temps à autre certaines lois hypocrites, simples apparences de réformes, et l'on oublie que, dans les couches dernières de nos sociétés policées et raffinées, il y a nombre de malheureux qui se suicident pour ne pas mourir de faim.

Le problème s'impose et veut une solution prochaine. Il faut donc rechercher et trouver une meilleure et plus efficace organisation des secours publics.

Cette solution sans doute est illusoire aux yeux de ceux qui rêvent la parfaite égalité des biens; les secours publics ne sont pour eûx qu'un palliatif impuissant, une aumône dégradante, la rançon payée par la bourgeoisie pour être maintenue dans ses égoïstes jouissances en laissant croupir le peuple dans ses misères.

VI

Polémiques néfastes et contradictoires, thèses paradoxales. — Attaques contre la bourgeoisie par les défenseurs de la propriété. — Il ne doit y avoir que deux partis, pour ou contre le droit de propriété.

Cet antagonisme entre la bourgeoisie et le peuple, ce sera toujours le champ de bataille où se plaisent à évoluer les révo=

lutionnaires ; et cela n'a rien d'étonnant, puisqu'ils trouvent des
alliés parmi les hommes de sens plus rassis qui ne croient pas
au succès d'un bouleversement social. Ainsi, un écrivain dis-
tingué, disciple de Jaurès, égaré à la *Revue bleue* (1), mais disciple inconscient séduit par l'éloquence tribunitienne, a soutenu
cette thèse paradoxale que c'est la Révolution qui a fait de la
bourgeoisie une classe spéciale séparée du peuple par un abîme,
et voici le portrait qu'il en trace : la bourgeoisie moderne n'a
plus que des idées et des passions égoïstes ; hostile au peuple,
qu'elle méprise, elle a détruit la famille en supprimant la liberté
testamentaire, n'adorant qu'une seule divinité, farouche et intan-
gible : l'argent ; le cœur de la bourgeoisie ne bat plus qu'à la
Bourse ; mais le peuple est là, nouvel acteur parvenu à la vie
politique, qui réclame la suppression de la richesse héréditaire.

Et contre cette réclamation l'auteur ne proteste pas, car il a
du penchant pour les théories de Proudhon, dont il invoque l'autorité, comme tout à l'heure celle de Jaurès ; avec Proudhon,
parmi les divers systèmes proposés sur le fondement du droit
de propriété, il se prononce pour la convention sociale présumée, qui naturellement peut être détruite et remplacée par une
convention contraire non moins présumée.

Après de telles prémisses, on est fondé à croire que la doc-
trine de l'auteur va choir en plein collectivisme. Nullement ; ce
sont là de purs exercices de rhétorique et sa conclusion est du
plus vil opportunisme : il déclare même qu'une solution collectiviste ne saurait prévaloir longtemps, car « l'humanité, contrariée
dans ses instincts primordiaux, ne tarderait pas à s'évader du
paradis lugubrement chimérique où on l'aurait enfermée par sur-
prise ».

D'ailleurs, la bourgeoisie ne perdra rien pour attendre, comme
le lui prédit cette phrase quelque peu énigmatique et menaçante :
« L'océan des salaires, où se noiera la classe moyenne, ne ren-
versera pas violemment les digues auxquelles elle se confie ; il
la submergera de sa marée lente et continue. »

Alors, en vertu de cette évolution finale, les deux classes
seront confondues, la bourgeoisie noyée au sein du peuple,
désormais un et maître dans le paradis humain, devenu réalité.

Acceptons la prophétie ; mais de grâce ! vous tous qui êtes

----

(1) M. DE RIVALIÈRE, *Revue bleue*, 4 et 11 janvier 1896.

pacifiques et répudiez les chimères, n'envenimez pas nos querelles par vos attaques inconsidérées ; ne tirez pas sur vos propres troupes, ne poursuivez pas les hommes avec cette amertume passionnée ; laissez donc les personnes en dehors du débat, ou bien cherchez à les unir, au lieu de les parquer en deux groupes ennemis pour les exciter à s'entre-dévorer ; ne dites pas que les uns sont maîtres, les autres « esclaves (1) » ; ne rétablissez pas les classes, que la Révolution, loin de les créer, a pour toujours abolies ; abandonnez ces polémiques néfastes à nos communs adversaires, aux ennemis de la propriété ; ne leur prêtez pas appui en flétrissant du nom de bourgeois tout détenteur du capital ; ne dites pas avec eux que le bourgeois, c'est le capital fait homme, et placez-le, au contraire, en face, non de l'homme, mais de la chose ; afin qu'il soit apparent pour tous que ce qu'ils veulent détruire, c'est la propriété personnelle, dérivant de « l'un des instincts primordiaux de l'humanité » et constituant la condition essentielle de la liberté, de la dignité de l'être humain.

Si des hommes de haute culture intellectuelle se laissent prendre à de telles équivoques, comment voulez-vous que les ignorants puissent y échapper ? Dans l'âme des simples, que de ravages doivent faire ces outrages jetés couramment sur ceux qui possèdent et parce qu'ils possèdent ! Pourquoi, si vous voulez être sincères, ne pas reconnaître que, parmi ces riches, il y en a de bons et de mauvais, comme au temps de l'Évangile, et qu'il en est de même parmi les pauvres ? que tous les hommes sont sujets aux lois de leur nature, et que le progrès des mœurs, aidées par les institutions, doit consister, nous le répétons volontiers, à essayer de rendre les uns meilleurs et les autres moins mauvais.

(1) M. DE RIVALIÈRE, *Revue bleue*, 21 novembre 1896, p. 643.

13587. — Lib.-Imp. réunies, MOTTEROZ, D^r, 7, rue Saint-Benoît, Paris.

DEUXIÈME PARTIE

LA BOURGEOISIE DANS LE PASSÉ [1]

(1) Extrait de la *Revue des Etudes historiques*, 1897, N° 1.

La Bourgeoisie dans le passé

I. La Bourgeoisie Ancienne. — Étymologie du mot.
L'Affranchissement des Communes.

Quelle est l'étymologie du mot Bourgeoisie ? La même question pourrait d'ailleurs s'adresser aux termes corrélatifs, peuple et prolétariat. A première vue, il semble que la bourgeoisie ait dû signifier les habitants des bourgs, par opposition aux habitants des villages, et cependant cette explication si simple n'est pas satisfaisante ; car, à côté et au-dessus des bourgs, il y avait, au moyen-âge comme aujourd'hui, des villes dont les habitants méritaient, aussi bien et mieux que ceux des bourgs, le titre de bourgeois.

Qu'était-ce que le bourg ? Le mot est d'origine germanique, *burg*, et signifiait château fort ; on donnait ce nom, après l'invasion germaine, aux maisons agglomérées autour et à l'abri du *burg*.

Le bourg n'était donc qu'un village, et vraisemblablement un gros village, car c'est la dénomination qui, après des siècles écoulés, a persisté jusqu'à nos jours. Au commencement du xiᵉ siècle, les habitants des bourgs, comme ceux des bourgades ou villages, s'appelaient encore des « villains » (1), et déjà ils aspiraient à s'affranchir de la domination du seigneur féodal.

Pauvres villains, traités malgré leur soumission comme des animaux toujours prêts à la révolte. Rien de suggestif comme ce précepte barbare, inventé et pratiqué contre eux :

> *Oignez le villain, il vous poindra,*
> *Poignez le villain, il vous oindra.*

Telle était la morale en action dans le monde féodal : ne soyez pas bons, mais méchants, votre intérêt vous le conseille. Machiavel,

(1) Aug. Thierry, *Histoire du tiers-état*, p. 20.

depuis, n'aurait pas mieux trouvé; mais le villain se souviendra, et plus tard, aux dates marquées par l'histoire, il se vengera cruellement. Devenu Jacques Bonhomme, et quelques siècles après citoyen, à son tour il « poindra », sans pourtant avoir jamais été « oint ». Le précepte était faux.

Ce fut dans les bourgs qu'il commença son éducation. L'invasion des normands, qui dévastaient les campagnes, poussa les paysans à s'agglomérer dans les villages les plus importants, dont beaucoup furent fortifiés. A l'isolement rural succéda une communauté de vues et d'efforts qui fit naître les premiers germes de la vie municipale; et plus tard, quand le mouvement d'émancipation des communes se prononça, il se produisit quelquefois ce phénomène singulier que le régime municipal fut installé dans le bourg avant de l'être dans la cité (1).

Le seul changement de domicile suffit donc alors pour faire d'un villain un bourgeois; savonnette commode et à la fois protectrice, puisque l'homme affranchi trouvait un lieu de refuge dans le bourg fortifié.

Bien avant la création des bourgs, il y avait dans la Gaule des cités, qui avaient conservé ou acquis certaines libertés municipales, et dans lesquelles le titre romain de citoyen avait persisté comme une protestation contre l'oppresion féodale ; c'était la tradition romaine qui s'était maintenue surtout dans les villes du midi; et ces citoyens ne devaient pas porter en même temps le titre de bourgeois qui ne dut leur être appliqué que plus tard, lorsque l'appellation romaine fut tombée en désuétude ; ce fut une extension de l'usage introduit dans les bourgs.

Telle fut, croyons-nous, l'origine du mot; et si nous l'avons recherchée, ce n'est pas par pure curiosité phylologique, mais parce qu'elle va nous aider à connaître la condition des personnes qui composaient la population mélangée de l'ancienne Gaule, et la place qu'y occupa la bourgeoisie.

A la suite de la conquête romaine d'abord, puis des invasions barbares, il se trouve sur le même territoire trois éléments distincts,

(1). Aug. THIERRY, p. 26.

et qui mirent plusieurs siècles à opérer leur fusion : les Gaulois aborigènes, les Romains, soldats de Jules César, ou colons immigrés qui, par une lente infiltration, pénétrèrent dans les cités et les campagnes des régions méridionales ; enfin les Franks et autres barbares d'origine teutonique, qui vinrent successivement, par masses irrésistibles, sur toutes les parties de ce sol Gaulois, objet de leurs convoitises, et où ils se fixèrent.

Les Gallo-Romains dominaient dans les villes, vivant avec l'apparence de citoyens libres, ayant des esclaves domestiques attachés à la personne, selon la coutume romaine. Les barbares occupaient les campagnes, mais soumis à leurs lois originaires, ayant sous leur autorité les anciens colons latins, les lites germaniques qu'ils avaient amenés avec eux, et lorsque le régime féodal fut établi, les serfs agricoles attachés à la glèbe. Jusqu'au dixième siècle, il y eut comme deux nations juxtaposées, qui pourtant finirent, dans le creuset du temps, par se pénétrer et s'assimiler pour former l'unité française.

Les bourgeois de ce temps, habitants des villes et des bourgs, étaient loin de jouir d'une indépendance réelle et complète ; ils durent lutter bien longtemps contre les seigneurs pour leur arracher des garanties parcimonieusement accordées. L'histoire des révolutions municipales qui s'accomplissent au XIIe siècle a été écrite par d'éminents historiens (1), et grâce aux recherches d'une érudition patiente et sagace, nous connaissons jusqu'aux textes des chartes concédées aux communes. Celles-ci obtinrent la personnalité civile et politique, et comme les seigneurs dans leurs domaines, exercèrent la souveraineté dans l'enceinte de leurs murailles.

Dès ce moment la bourgeoisie fut constituée à l'état de classe distincte, intermédiaire entre la noblesse et le servage. Ce fut, dit Augustin Thierry, comme une nation nouvelle, possédant l'égalité civile et l'indépendance dans le travail.

Cet exemple donné par les villes dut avoir sur les campagnes une influence irrésistible ; leur esprit d'indépendance rayonna dans l'âme fermée des paysans, et le succès des insurrections urbaines

(1) V. not. Guizot, p. 13 ; Michelet, p. 14 ; Beugnot, Mignet, Aug. Thierry, etc.

fut pour eux un encouragement. A leur tour ils se liguèrent pour obtenir l'affranchissement ; les serfs osèrent revendiquer leur droit à l'égalité naturelle. « Nous sommes hommes comme vous », disaient-ils aux seigneurs ; montrant, par ce langage à la fois plein d'humilité et d'orgueil, que longtemps avant Jean-Jacques, ils avaient su retrouver les titres du genre humain ; mais leurs succès furent plus lents que ceux des bourgeois, et il fallut plusieurs siècles pour faire disparaître les derniers vestiges du servage féodal.

Les constitutions municipales variaient à l'infini. Il y en eut deux formes principales, et bien différentes, dans le Midi et dans le Nord de la Gaule. Dans le Midi, où la tradition romaine s'était encore développée par les relations du commerce, ce fut le consulat, imitation de l'organisation politique que s'étaient donnée certaines grandes villes de l'Italie, devenues républiques indépendantes. Dans le Nord, ce fut la commune jurée, inspirée par l'esprit d'association qui régnait dans les mœurs germaniques.

Toutefois, dans quelques communes du Nord, le principe de l'obligation des fonctions municipales fut admis, comme autrefois dans la curie romaine, et les fonctionnaires élus furent condamnés au bannissement s'ils refusaient leurs services.

La commune affranchie était gouvernée par un corps de fonctionnaires nommés par l'assemblée des bourgeois. Si l'on veut avoir une idée de cette organisation municipale, on peut se reporter à lintéressante monographie de la ville d'Amiens, ajoutée par M. Augustin Thierry à son *Histoire du Tiers-Etat*. La charte qui lui fut concédée en 1117 fut le résultat d'une transaction survenue, à la suite d'une guerre acharnée, entre les bourgeois et le Comte seigneur suzerain. Le roi Louis-le-Gros était venu, dans cette guerre, au secours des bourgeois, et Philippe-Auguste confirma, en 1190, la charte antérieure. Ici, comme partout à cette époque, la Royauté tendait à se substituer à la seigneurie féodale, et l'autorité duComte fut remplacée par celle du prévôt royal.

Cependant, malgré la réunion du Comté à la couronne, l'acte de 1190 n'enleva pas aux bourgeois leurs franchises communales. Le corps municipal continua de subsister. Ses membres étaient nommés pour une année seulement ; ils s'appelaient jurés ou échevins, et leur chef *mayeur* (maire). Ils cumulaient les pouvoirs administratifs, judiciaires, même législatifs, et la cité formait en quelque sorte un Etat autonome, percevant les impôts, exerçant dans ses limites territoriales le droit de guerre et de paix. Il y avait pourtant, ici, deux restrictions : la plupart des condamnations pour crimes et délits consistant alors en amendes, le profit des peines pécuniaires devait être partagé entre la ville et les co-seigneurs d'Amiens ; mais la charte de 1190 avait réservé comme cas royaux le rapt et le meurtre, qui étaient soustraits à la juridiction communale.

Parmi les impôts perçus par la commune, il y avait un droit de nouvelle bourgeoisie, payé par tout étranger admis à entrer dans la commune, ce qui prouve que le droit de bourgeoisie était attaché au domicile. Plus tard, lorsque le régime féodal vint à décliner, il fut admis en principe que le Roi pouvait, non seulement créer des communes, mais aussi conférer le droit de bourgeoisie, même aux serfs, ainsi autorisés, selon les termes employés dans les actes du temps, à « désavouer leurs seigneurs et s'avouer sujets du Roi » (1).

II. LES LÉGISTES BOURGEOIS ET LA FÉODALITÉ
LES ETATS-GÉNÉRAUX ET LE TIERS-ETAT

La Bourgeoisie avait, avant la Royauté, vaincu, mais d'abord à son profit exclusif, la puissance féodale. Au sein des cités émancipées, elle faisait son apprentissage de la vie publique ; et bientôt, élevant sa vue au dessus des intérêts locaux, nous allons la voir revendiquer contre le Roi lui-même des libertés générales, et réclamer pour la nation entière une participation directe au Gouvernement du royaume.

Fière des richesses acquises dans l'exercice du commerce et de l'industrie, elle gagnait la considération qui en tout temps s'est attachée à la fortune ; mais ce qui augmenta surtout son autorité morale, ce fut l'instruction qu'elle sut donner à ses enfants, alors que les nobles, se targuant de leur ignorance, ne daignaient apprendre qu'un métier, celui des armes. C'est d'elle que vinrent ces légistes

(1) Laurière. *Glossaire du droit français.*

renommés qui, au nom de l'égalité naturelle, combattirent avec autant de science que de courage tous les privilèges de la féodalité. Ils voulaient un royaume unifié, s'élevant sur les débris de toutes les tyrannies locales, soutenant d'abord la souveraineté royale pour l'opposer à celle des seigneurs, sans admettre jamais qu'elle pût aboutir à l'absolutisme, essayant au contraire d'établir une alliance entre elle et la bourgeoisie ; mais ne voulant pas d'autre part que celle-ci formât à son tour une classe privilégiée, se confinant dans une indifférence égoïste, et oubliant les souffrances des classes inférieures ; car ils s'efforcèrent toujours, en abaissant vers les classes bourgeoises ce qui était au dessus d'elles, d'élever jusqu'à elles ce qui était au dessous (1).

Ces légistes bourgeois furent appelés dans les conseils de la Royauté, qui choisit parmi eux ses ministres les plus éminents ; ils occupèrent les grands offices de la judicature, et ils se montrèrent en état de jouer dans les Etats-généraux un rôle actif et glorieux, émettant des idées et posant des principes qui, en plein moyen-âge, ne tendaient à rien moins qu'à l'établissement de la Royauté constitutionnelle.

Aux Etats-généraux réunis à Paris en 1301, ils firent preuve d'un libéralisme intelligent et patriotique, en soutenant Philippe-le-Bel contre les arrogantes prétentions du pape Boniface VIII, qui osait réclamer une suprématie temporelle dans les affaires du Royaume ; ce fut le Tiers-Etat qui proclama que le Royaume de France ne devait reconnaître aucun souverain temporel « fors que Dieu » ; maxime très courageuse alors et qui aujourd'hui même, sous l'empire du Concordat, semblerait à quelques uns entachée d'une certaine témérité.

En 1356, après le désastre de Poitiers, les Etats furent convoqués par le Dauphin Charles, duc de Normandie, régent du Royaume en l'absence du Roi son père fait prisonnier. Les hommes du Tiers-Etat, émus d'indignation et de colère contre les gentilshommes, qui avaient fui honteusement devant des ennemis moins nombreux, se laissèrent emporter à une ardeur toute révolutionnaire ; ils deman-

(1) Aug. Thierry. p. 33.

dèrent, avec l'adhésion des deux autres ordres qu'ils dominaient :
la mise en accusation de tous les conseillers du Roi, la destitu-
tion des officiers de justice, l'institution d'un conseil de réformes,
et enfin le droit pour les Etats de se réunir à volonté sans convocation Royale. C'était le régime parlementaire devançant la Révolution de plusieurs siècles.

Les deux ordres supérieurs furent effrayés de tant d'audace et
reculèrent. On vit alors le Tiers-Etat se rallier, ou plutôt se subor-
donner à la municipalité Parisienne, dont le chef, Etienne Marcel,
entreprit de fonder une dictature démocratique, en réunissant les
principales villes dans une fédération nationale sous l'action
directrice de Paris capitale. C'était la commune de Paris, rêvée et
tentée de nos jours par des révolutionnaires qui prenaient aussi le
nom de fédérés. Cela dura trois ans et finit à la mort de Marcel, qui
paya de sa vie sa tentative de révolution prématurée.

Le Dauphin, devenu Charles V, parvint à ressaisir le pouvoir, et
malgré l'inévitable réaction qui fit beaucoup de victimes parmi les
hommes de la bourgeoisie, il gouverna non sans sagesse et mérita
le surnom que l'histoire lui a donné ; mais il ne voulut pas réunir
les Etats, et, fort de son autorité absolue, il osa, au détriment des
franchises municipales comme des privilèges seigneuriaux, décréter
un impôt général et permanent sous le nom d'aides ordinaires ;
dénomination exprimant l'idée des subsides que les rois demandaient aux Etats pour suppléer à l'insuffisance des domaines de la
couronne.

Avec l'insurrection parisienne avait coïncidé la révolte des
Jacques, pauvres roturiers, serfs pour la plupart, acceptant
avec orgueil le sobriquet Jacques Bonhomme, que les nobles
donnaient par mépris au menu peuple. Ils se livrèrent à des massacres
effroyables, animés d'une haine féroce contre leurs oppresseurs
séculaires, en même temps que d'une colère patriotique, qui, des
milieux bourgeois, avait pénétré jusque dans les profondeurs populaires ; car on entendait partout ce cri de réprobation : « Les nobles
« déshonorent et trahissent le royaume ». Aussi la bourgeoisie des
villes sympathisait avec les insurgés, et la municipalité révolution-

naire de Paris fit même alliance avec eux ; mais bourgeois et paysans eurent le même sort, la révolution et l'insurrection disparurent en même temps, cruellement réprimées par les vainqueurs.

Une alliance du même genre se reproduisit dans les émeutes qui signalèrent le règne de Charles VI ; ce fut une question d'impôt qui en donna le signal. Les aides royales, condamnées par le Roi même qui les avait établies, durent être abolies par une ordonnance de son successeur, en 1380, et l'on essaya de les remplacer par une taxe sur les marchandises, qui souleva les résistances de la haute bourgeoisie. La rébellion, dite des *maillotins*, ensanglanta la ville, mais elle fut vaincue promptement ; l'armée royale, qui venait de combattre et réduire les Flamands insurgés, fit une entrée triomphale dans Paris, et une réaction, plus terrible que celle de 1357, sévit sur la bourgeoisie, qui vit anéantir ses libertés municipales et dont les chefs furent livrés au supplice.

La folie du roi, les dilapidations des courtisans, et l'invasion étrangère suscitèrent en 1413 de nouveaux tumultes, où la bourgeoisie recouvra d'abord ses franchises municipales, mais l'élection populaire ayant amené au Conseil de ville les maîtres bouchers et leurs valets, le pouvoir tomba aux mains de la multitude, qui se livra à des violences démagogiques. Les cabochiens, du nom de Jean Caboche, leur chef, étaient, dit Juvénal des Ursins (1), « de » meschantes gens, trippiers, bouchers et escorcheurs, pelletiers, « cousturiers, et autres pauvres gens de bas estat, qui faisaient de « très inhumaines détestables et des honnètes besongnes ».

Cependant, comme précédemment, comme depuis dans des crises semblables, ils trouvèrent des alliés dans la classe riche et lettrée ; des personnages appartenant à l'Université se firent l'écho des revendications populaires, qui furent en partie adoptées et consacrées par une ordonnance royale du 25 mai 1413, désignée par les historiens sous le nom de grande ordonnance. C'était, en effet, un code complet qui, grâce à l'intervention de l'élément instruit et modéré, contenait de sages réformes, dont plusieurs témoignent de la sympathie portée par les hommes de la bourgeoisie aux popu-

(1) *Histoire de Charles VI et Mémoires,* t. II, p. 481.

lations des campagnes. Si l'ordonnance n'eut qu'une durée éphémère, elle ne fût pas sans porter des fruits ; les idées généreuses et libérales qu'elle avait si hautement proclamées germèrent dans le cœur des puissants, et l'on vit augmenter à partir de cette époque les affranchissements individuels et collectifs du paysan ; des villages, délivrés du servage, prirent le nom de commune, et la fusion entre tous les hommes du tiers, citadins et villageois, commença de se faire sur une grande échelle.

III. L'ESPRIT DU PEUPLE AU XVe SIÈCLE
DÉCADENCE DES COMMUNES
PROGRÈS DU TIERS-ETAT

L'esprit du même peuple, qui déjà s'était éveillé dans les cités, non sans quelque turbulence, s'ouvrit dans les campagnes aux idées générales et aux sentiments généreux. La défaite d'Azincourt, qui livrait le royaume aux Anglais, y fit naître des émotions patriotiques ; et l'on vit une simple paysanne Lorraine, Jeanne Darc, à l'appel des voix qui lui demandaient aide et secours pour la patrie malheureuse, se rendre auprès du roi Charles VII et faire lever le siège d'Orléans.

Ce fut un signal de relèvement national, et son successeur Louis XI, figure énigmatique, ayant autant de vices que de qualités, à la fois raisonnable et maniaque, contribua, sans le vouloir peut-être, au rapprochement des classes, en guerroyant toute sa vie contre ses grands vassaux, alors qu'il ménageait la bourgeoisie municipale, et par ses goûts simples, même roturiers, faisait montre d'une certaine inclination pour ses plus humbles sujets ; malgré cela, détesté de tous, et le sachant, en proie à des terreurs exagérées, à des superstitions ridicules, il s'enferma dans son château de Plessis-les-Tours, avec son compère Tristan-l'Ermite, l'exécuteur de ses vengeances et le complice de ses cruautés.

A sa mort, ce fut un soulagement ; la nation, étouffée sous ce sombre despotisme, respira librement ; et aux Etats-Généraux, convoqués à Tours en 1484, on entendit ces fières paroles de protestation contre l'absolutisme royal : « La Royauté est un office, et non un héritage ». La souveraineté du peuple y fut affirmée en opposition à celle du roi : « C'est le peuple souverain qui dans l'origine a créé les Rois ». Et ce n'est pas seulement de la bourgeoisie qu'il s'agit ici, mais du peuple entier ; car « le peuple, c'est la généralité des habitants du royaume ». En fait, les paysans avaient pris part, dans chaque baillage, à l'élection des députés du tiers.

Vaines paroles ! L'Assemblée qui avait demandé la convocation périodique des États tous les deux ans, dut se séparer sur cette promesse, qui ne fut pas tenue. Il fallut attendre l'avènement de Louis XII, qui convoqua, non l'Assemblée des États, mais un conseil de la bourgeoisie, où celle-ci, reconnaissante, lui décerna le titre de *père du peuple*. Le roi réalisa certaines des réformes qu'elle avait demandées : par son ordonnance de 1490, il admit le principe de l'élection pour les offices de judicature ; et s'il n'abolit pas la vénalité des charges, autrefois interdite et depuis tolérée, il prescrivit certaines garanties de nature à en atténuer l'abus.

La décadence des communes qui avait commencé dès le siècle précédent, s'accentua dans le cours du xv⁰ siècle ; il y en eut des causes diverses, qui ont été analysées et expliquées avec beaucoup de sagacité par M. Guizot dans son Histoire de la civilisation en France (1). Le Tiers-État, au contraire, se développe et se fortifie ; il prend part de plus en plus à l'administration du pays, et même à la législation ; ce sont les bourgeois qui possèdent les offices civils ; c'est de leurs rangs que sortent les grands magistrats, les riches financiers. Ce sont les légistes bourgeois qui furent chargés de la rédaction des coutumes.

Michel L'Hôpital, chancelier de France, était fils d'un modeste bourgeois. Il fut un grand homme d'Etat et un grand homme de bien. Dans les Etats généraux d'Orléans, il fit preuve d'un esprit de tolérance qui fut partagé par la grande majorité de la bourgeoisie, mais qui devait être impuissant à contenir les passions religieuses, et à empêcher la guerre fratricide qui allait bientôt éclater.

En 1560, il fit convoquer les Etats généraux à Melun, et le Tiers état rédigea des cahiers où il réclama la liberté de conscience pour

(1) P. 263 et 5.

les protestants menacés de persécution, et développa un ensemble de réformes politiques, administratives et judiciaires constituant un code complet de gouvernement en 360 articles. N'oubliant jamais sa clientèle populaire, il formulait le vœu que la déchéance des droits seigneuriaux fût prononcée contre les nobles convaincus d'exaction envers les habitants de leurs domaines. Enfin il renouvelait la demande tant de fois exprimée et toujours éludée de la réunion périodique des Etats.

L'esprit réformateur avait pénétré jusque dans le corps de la noblesse. Une assemblée spéciale, restreinte à 26 députés, nobles et bourgeois, élus dans les 13 gouvernements qui partageaient la France, fut d'accord pour émettre des vœux d'une hardiesse telle qu'ils auraient opéré une véritable révolution dans l'Etat. Les députés bourgeois, hostiles au clergé, qui n'était pas représenté dans cette assemblée, osèrent réclamer la confiscation des biens ecclésiastiques, moyennant l'allocation de pensions ou traitements aux membres du clergé transformés comme de nos jours en fonctionnaires publics. L'assemblée entière, poussant jusqu'au bout la tolérance religieuse, exigea pour les protestants le libre exercice de leur culte, et cette liberté leur fut en effet concédée, mais ce fut pour une courte durée.

Le fanatisme surexcité jeta les catholiques dans des fureurs sanguinaires, et les odieux massacres de la Saint-Barthélemy, qui de Paris s'étendirent, par un mot d'ordre convenu, aux principales villes du royaume, notèrent d'une éternelle infamie la mémoire du roi Charles IX, qui les avait ordonnés ou encouragés.

La haute bourgeoisie s'était divisée, et il se forma parmi elle un parti d'hommes amis de la tolérance, qui s'unit avec les proscrits pour les protéger. Il devint bientôt assez puissant pour imposer au roi Henri III l'édit de pacification du 14 mai 1576, qui promettait en même temps la convocation des Etats-Généraux.

En opposition à ce parti modéré, l'exaltation catholique suscita la création de la *Ligue*, qui fit sentir sa néfaste influence dans les Etats réunis à Blois la même année. L'assemblée fut divisée sur l'édit de pacification, dont l'abrogation fut demandée ; cependant, la majorité décida qu'une démarche serait faite auprès du Roi de Navarre, qui commandait l'armée protestante au-delà de la Loire, pour le supplier de ramener tous les français à l'unité catholique. C'est la première fois qu'apparaît dans l'histoire celui qui fut depuis Henri IV. Il répondit par un appel touchant à la tolérance et au patriotisme, en insistant avec force pour que l'assemblée « voulut bien remettre l'affaire en délibération » (1).

A cet appel, le roi Henri III répondit par un édit de proscription contre les calvinistes. Le Parlement de Paris, dont les membres appartenaient à la haute bourgeoisie, fit entendre d'énergiques, mais inutiles remontrances :

« Le crime (d'hérésie) que vous avez voulu châtier, disait-il au « Roi, est attaché aux consciences, lesquelles sont exemptes de la « puissance du fer et du feu ».

Aux Etats-Généraux réunis de nouveau à Blois, en 1588, le Tiers-Etat, divisé sur la querelle religieuse, se montra unanime sur le terrain politique, demandant que dorénavant aucun impôt ne fût perçu sans le consentement des Etats ; et, s'attaquant directement à la prérogative royale, que les Parlements ne fussent jamais forcés d'enregistrer les ordonnances édictées par le Roi. On sait les évènements qui suivirent :

Le meurtre du duc de Guise, le chef de la Ligue ;

L'alliance des rois de France et de Navarre ;

L'assassinat de Henri III ;

La proclamation du roi de Navarre comme roi de France ;

Et, après la fin de la guerre, en 1598, la promulgation de l'Edit de Nantes, qui instituait la liberté religieuse.

IV. Dernière Réunion des Etats-Généraux en 1614
Un programme de gouvernement constitutionnel rédigé par le Tiers-Etat

Pendant le siècle qui venait de s'écouler, le servage avait presque disparu ; et dès la fin du siècle précédent, la coutume s'était établie de faire élire par tous les habitants de chaque paroisse des délégués

(1) *Mémoires de Bodin,* t. XIII, p. 287 et s.

chargés de rédiger des cahiers où ils exprimaient les vœux qu'auraient à soutenir les députés nommés par eux pour les représenter dans l'assemblée des Etats-Généraux. Ce fut l'avènement à la vie politique de la classe rurale, mise en possession de ces droits que de nos jours on a nommés le Suffrage universel et le mandat impératif; mais possession précaire alors et soumise au bon plaisir d'une convocation royale qui devait cesser avec celle des Etats eux-mêmes.

Ceux-ci se réunirent pour la dernière fois en 1614 à Paris. Il régna dans cette Assemblée une grande agitation causée par une rivalité devenue de plus en plus ardente entre les trois ordres. L'irritation se manifesta, surtout entre la noblesse et le Tiers-Etat, par des discussions acrimonieuses, où se réfléchit comme dans une fidèle image, l'état d'esprit respectif des diverses classes de la population. Le Tiers-Etat s'est élevé à un tel degré de considération et d'autorité morale qu'il a excité l'envie et la haine des gentils-hommes. Si le tiers, plus modéré, fait entendre des paroles conciliantes, les orateurs de la noblesse lui répondent avec une arrogance dédaigneuse qui ne prend pas la peine de se déguiser; c'est en ces termes insultants que l'un d'eux, le baron de Senecy, ose s'exprimer en s'adressant au Roi : « J'ai honte, sire, de vous dire « les termes qui de nouveau nous ont offensés ; ils comparent votre « Etat à une famille composée de trois frères ; ils disent l'ordre « ecclésiastique être l'aîné, le notre le puîné, et eux les cadets. En « quelle misérable condition sommes-nous tombés si cette parole « est véritable ». Et pour renforcer l'insulte, des députés nobles ajoutaient : « Nous ne voulons pas que des fils de cordonniers et de « savetiers nous appellent frères ; il y a de nous à eux autant de « différence qu'entre le maître et le valet » (1). C'est ainsi qu'ils répondaient au modeste appel de fraternité du tiers.

Celui-ci ne se sentit pas abaissé sous l'outrage ; il releva le gant et soutint fièrement la lutte dans les débats qui s'engagèrent. Les nobles réclamaient l'abolition de la *paulette,* taxe imposée sur les

_____

(1) Procès-verbal et cahier de la noblesse des États de l'an 1615 (Bibliothèque nationale). Et relation de Florimond Rapine.

offices, rendus héréditaires, et devenus pour la bourgeoisie une
source de richessé et d'honneur. Ils voyaient avec terreur celle-ci
grandir sans cesse en influence, et ils voulaient essayer de regagner
le terrain perdu en entrant dans les offices de judicature, et même
en se livrant au commerce, mais sans déroger. A ces prétentions, le
tiers faisait une réponse ironique et hardie : « Ce n'est pas le droit
« annuel (la paulette), disait-il, qui a donné à la noblesse sujet de
« se priver et retrancher des honneurs de judicature, mais l'opinion
« en laquelle elle a été depuis de longues années que la science et
« l'étude affaiblissaient le courage et rendaient la générosité lâche
« et poltronne. (1)...

L'argument de ces manants et de ces valets portait juste ; il souf-
fletait en plein visage les seigneurs sottement infatués de leur
ignorance.

Ce n'est pas d'ailleurs, ajoutaient-ils, la paulette seulement, mais
aussi la vénalité « cette maudite racine », qu'il faudrait extirper ;
et ils en offraient le sacrifice. Par contre, ils demandaient la réduc-
tion des pensions dont vivaient les courtisans et leurs protégés.
Puis s'élevant au-dessus de ces mesquines jalousies, et se préoc-
cupant des intérêts généraux du pays, le Tiers rédigea un cahier
portant pour titre : *Lois fondamentales de l'Etat,* où il énumère les
réformes à accomplir, les abus à faire disparaître ; toutes les intitu-
tions sont examinées et passées au crible d'une critique judicieuse
et savante ; rien n'échappe à ses investigations, pas plus dans
l'ordre économique que dans l'ordre politique. Il veut, comme il
n'a cessé de le faire, protéger les paysans contre les exactions des
nobles, réprimer l'excès des droits et privilèges féodaux. Il demande
la suppression des monopoles, la liberté des métiers affranchis du
régime corporatif, la restitution de certaines franchises municipales,
la participation des nobles aux charges communales, et, finalement,
la périodicité des Etats-Généraux.

C'était un véritable programme de gouvernement constitutionnel,
sinon parlementaire, mais qui devait attendre près de deux siècles
pour sa réalisation. Aux yeux de la noblesse, entêtée dans ses pré-

(1) Florimond Rapine, p. 199.

jugés de race, toutes ces nouveautés étaient détestables, et il fallait ramener sous le joug ces bourgeois révoltés ; car elle ne savait que répondre à ces revendications sociales formulées avec tant de sagesse et soutenues avec tant de fermeté. Elle ne sut se livrer qu'à de ridicules représailles, s'adressant au Roi pour le supplier d'enlever à toutes personnes roturières le droit de porter les armes, de leur faire défense de chasser sur les terres royales, « de n'avoir « chiens à chasser ni autres qui n'ayent les jarrets coupés » ; enfin, « pour réprimer le grand désordre qui est aujourd'hui parmi le « Tiers-Etat, de prescrire à chacun Etat tel habit que par l'accou- « trement on puisse faire distinction de la qualité des personnes, et « que le velours de satin soit défendu, si ce n'est aux gentils- « hommes » (1).

Les députés du Tiers, avant de se séparer, exigèrent vainement une réponse à leurs doléances ; le lieu de leurs séancee fut fermé pour empêcher toute réunion nouvelle, et les Etats durent se dissoudre.

Ce fut la fin du rôle politique du Tiers-État, et il fallut les approches de la Grande révolution pour que la monarchie en détresse se décidât à faire un appel suprême aux Etats généraux, dernier et fragile espoir de salut. Ce rôle n'avait pas été sans grandeur ni sans utilité ; la convocation des assemblées était toujours attendue avec une vive impatience par la partie éclairée de la population, les esprits étaient tenus en éveil, et les aspirations libérales de la bourgeoisie y trouvaient de salutaires excitations. On ne saurait sans doute les comparer aux Parlements modernes, puisque les réunions n'étaient qu'intermittentes et facultatives, d'ailleurs elles n'avaient aucun pouvoir législatif ; elles n'exprimaient que des vœux ou des doléances qui restaient sans effet s'il ne plaisait pas au Roi de les sanctionner par des ordonnances. Il est vrai qu'elles étaient appelées à voter des subsides, et c'était précisément dans ce but que le plus souvent la Royauté, à bout de ressources, se décidait à les appeler ; mais si le vote était refusé, chose rare, la royauté s'en passait.

(1) C aehierd la noblesse de 1615.

V. Le Parlement de Paris au XVIIe Siècle
Richelieu et Mazarin
La Fronde. — Louis XIV et la Monarchie absolue

La haute bourgeoisie ne devait pas se résigner facilement à disparaître de la scène politique; dans le Parlement, où elle est maîtresse, elle va essayer de continuer et même d'agrandir l'action des Etats, qui s'étaient quelque peu déconsidérés par une trop grande pusillanimité. Quatre jours après la dissolution des Etats, le Parlement de Paris osa rendre un arrêt convoquant les princes, ducs, pairs et officiers de la couronne, ayant voix délibérative en la cour, afin d'aviser « sur les choses qui seraient proposées pour le service « du Roi, le bien de l'Etat et le soulagement du peuple ». C'était un programme illimité qui, s'il n'était contenu, allait submerger le pouvoir royal. Il éclata comme un coup de foudre et remua profondément l'opinion, qui accueillit avec ardeur la courageuse initiative du Parlement. « Toute la France, dit un auteur contempo- « rain (1), avait les yeux arrêtés sur ce grand aéropage, et était aux « écoutes pour apprendre avec applaudissements ce que produirait « le conclave du premier Sénat de l'Europe ».

Mais les temps n'étaient pas venus, et la Royauté trouva un énergique appui dans un grand ministre, le cardinal de Richelieu, dont le génie sut vaincre toutes les résistances au profit de l'autorité monarchique qu'il voulait toute puissante et absolue. Après avoir fait casser l'arrêt du Parlement par le Conseil du Roi, il résolut, par esprit de conciliation, de soumettre ses plans de réforme à une assemblée de notables, choisis par lui dans les trois ordres et où le tiers dominait par le nombre (2). Mais il ne put faire oublier les procédés arbitraires, tyranniques et souvent cruels auxquels il fut peut-être contraint de recourir; et après sa mort, une réaction libérale, longtemps comprimée, surgit violemment dans l'opinion publique; c'est Mazarin qui gouvernait alors sous le nom de Marie de Médicis, régente, et le Parlement de Paris, soutenu par la bourgeoisie et le

(1) Relation de Florimond Rapine, 2e partie, p. 141.
(2) En 1627.

peuple, conçut le hardi projet de se transformer en corps politique;
il prit un arrêt pour décider qu'aucun impôt ne serait perçu sans
l'agrément des cours souveraines pour protéger les libertés individuelles. Bientôt, de la délibération il passa à l'action. *La Fronde*,
qui eut, comme *La Ligue*, sa journée des Barricades (1), fut sur le
point de devenir une révolution, précisément deux siècles avant
celle qui devait consacrer l'avènement du régime démocratique; et
l'on vit le Parlement, fort de son alliance avec la municipalité parisienne, lever des impôts et des troupes, et comme de nos jours la
Commune de Paris, adresser un appel à toutes les villes de France,
pour provoquer une fédération générale contre la royauté.

Mais le Parlement ayant refusé aux nobles, moins scrupuleux,
de s'allier avec l'Espagne, se retira de la Fronde et fit sa paix avec
la Cour. Par le traité signé à Rueil le 11 mars 1649, il put faire
consacrer son droit d'intervention dans les questions d'impôt;
concession qui devait être éphémère et fut en effet retirée trois ans
après. La faculté même de faire des remontrances avant d'enregistrer
les édits royaux lui fut enlevée par une déclaration de Louis XIV,
en date du 24 février 1672. Le Parlement répondit par une énergique
mais vaine protestation qui fût, selon d'Aguesseau (2), « le dernier
cri de la liberté mourante ».

Ce fut pour la bourgeoisie un long temps d'arrêt, qui devait durer
autant que le nouveau règne. Au moyen-âge, forte de ses libertés
municipales, elle avait aidé la Royauté à combattre et réduire la
puissance féodale, mais la Royauté ayant vaincu les seigneurs, ne
se souvint plus de son alliée et garda pour elle seule l'autorité
conquise en commun. La Fontaine songeait-il à cette leçon de
l'histoire, pour lui contemporaine, lorsqu'il composait sa fable de
Bertrand et Raton, le premier croquant les marrons tirés du feu par
le pauvre Raton, qui

> « *N'était pas content, ce dit-on,*
> « *Ainsi ne le sont pas la plupart de ces princes*
> « *Qui, flattés d'un pareil emploi,*

(1) 27 Août 1648.
(2) Œuvres complètes, t. X, p. 15.

> « *Vont s'échauder en des provinces*
> « *Pour le profit de quelque roi* ».

Le Roi devint donc le seul maître et la monarchie fut absolue. Au début de son règne, il avait, en plein Parlement, prononcé cette parole qui devait résumer, en son laconisme autocratique, tout le système de son gouvernement : L'Etat, c'est moi ! et dans une ordonnance royale du 21 octobre 1652, il en donna un commentaire « précis : « Nous avons fait et faisons très expresses inhibitions et « défenses aux gens tenant notre dite Cour de Parlement de Paris « de prendre ci-après connaissance des affaires générales de notre « Etat et de la direction de nos finances, ni de rien ordonner ni « entreprendre par raison de ce, contre ceux à qui nous en avons « confié l'administration..... » (1).

Il ne voulait plus de ministres dominateurs comme Richelieu et Mazarin ; aussitôt après la mort de celui-ci, il déclara qu'il serait lui-même son premier ministre. Il entendait que sa souveraineté fût sans limites et s'étendit même sur le droit de propriété ; dans ses Mémoires, il dit à son fils : « Vous devez être persuadé que les « Rois sont seigneurs absolus et ont naturellement disposition pleine « et libre de tous les biens qui sont possédés, aussi bien par les gens « d'église que par les séculiers ».

Mais, lorsqu'après les années de succès et de gloire survinrent les inévitables revers, il se produisit, dans l'entourage même du Roi, comme une réaction suscitée par la misère effroyable où était tombée la population des campagnes, et des hommes généreux osèrent se faire auprès du monarque l'écho des plaintes générales. Fénélon écrivait au Roi : « Vos peuples, que vous deviez aimer « comme vos enfants et qui ont été jusqu'ici si passionnés pour « vous, meurent de faim. La culture des terres est presque aban- « donnée ; les villes et les campagnes se dépeuplent..... » (2). Et Vauban, dans sa Dîme Royale (3), dressait cet affligeant dénombre-

---

(1) *Rec. des anc. lois françaises,* t. XVII, p. 300.
(2) *Œuvres choisies,* t. II, p. 417.
(3) *Coll, des princ. économistes,* t. I, p. 34.

ment de la population française : « Près de la dixième partie
« du peuple est réduite à la mendicité, et mendie effectivement ;
« des neuf autres parties, il y en a cinq qui ne sont pas en état de
« faire l'aumône à celle-là, parce qu'eux-mêmes sont réduits, à très
« peu de choses près, à cette malheureuse condition ; des quatre
« autres parties qui restent, les trois sont fort malaisées et embar-
« rassées de dettes et de procès ; et dans la dixième, où je mets tous
« les gens d'épée, de robe, toute la noblesse haute, la noblesse
« distinguée, et les gens en charge militaire et civile, les bons
« marchands, les bourgeois rentés et les plus accommodés, on ne
« peut pas compter sur cent mille familles ».

Le Roi parut touché de ces plaintes, et il rendit un édit pour
affranchir les serfs et les dégager des charges féodales : « Nous vou-
« lons que tous nos sujets soient libres et de franche condition,
« sans taxe de servitude, que nous abolissons dans toutes les terres
« et pays de notre obéissance.... » (1). Cet édit ne fut pas sans
doute complètement exécuté, mais il est l'indice d'un sentiment de
compassion que depuis longtemps la bourgeoisie partageait et qui
avait fini par pénétrer jusqu'à l'entourage dn souverain. Dans le
fameux plan de réforme suggéré par Fenelon au duc de Bourgogne,
on trouve la trace du même sentiment.

Du reste, la bourgeoisie elle-même trouvait un accueil favorable
auprès du puissant monarque. Grâce à son activité, à ses talents,
elle avait obtenu des succès en tous genres dans les arts et la litté-
rature, dans l'industrie et dans l'exercice des fonctions publiques.
Le Roi choisissait dans ses rangs presque tous ses ministres ; son
influence brillait d'un éclat qui faisait pâlir la splendeur dorée de
la noblesse de cour ; celle-ci en prenait ombrage, et l'un des siens,
écho de l'orgueil froissé, s'écriait, après la mort du Roi, que son règne
avait été « un règne de vile bourgeoisie ». Et Saint-Simon, qui a prononcé cette parole, en donne un commentaire explicite : « On sent
« aujourd'hui, dit-il, ce que ces gens de robe et de plume ont bien
« su soutenir, en aggravant chaque jour leur joug ; en sorte que les
« choses sont arrivées au point que le plus grand seigneur ne peut

____

(1) Il est rapporté dans la *Vie de M. le président de Lamoignon.*

« être bon à personne, et qu'en mille façons différentes il dépend
« du plus vil roturier » (1).

C'est un jet de lumière sur l'histoire de la société française à cette
époque. Par le plus étonnant contraste, sous la monarchie la plus
absolue qui ait jamais existé, on aperçoit, se faisant dans les mœurs
et passant peu à peu dans les faits, la Révolution, qui avant la fin
du siècle nivellera les classes et établira l'égalité civique.

Cependant, le Parlement, muet pendant toute la durée du règne,
prit une revanche éclatante après la mort du roi ; son premier acte
fut de casser le testament royal, qui instituait un Conseil de régence
ayant le duc d'Orléans sous sa dépendance. Il rentrait avec éclat
sur la scène politique et reprenait le rôle qu'on lui avait reproché
sous Richelieu de vouloir être « le tuteur des rois, le protecteur des
« peuples, le médiateur entre les peuples et les rois » (2).

<h3 style="text-align:center">VI. Puissance de la Bourgeoisie au XVIIIe Siècle
La Noblesse de Robe
Les pays d'Etats ; les Assemblées provinciales
l'Assemblée des Notables
La Convocation des Etats-Généraux
Fin de la Bourgeoisie</h3>

Le Parlement, à ce moment, était environné d'un tel prestige que
nul ne songea à contester son autorité, et son intervention dans les
plus hautes affaires de l'Etat fût considérée comme si naturelle que
l'on eut cet étrange spectacle, le duc d'Orléans et le duc du Maine
plaidant en personne devant une cour de juridicature pour en obtenir
le maintien ou la cassation du testament politique du Roi, c'est à
dire pour lui demander, comme à un pouvoir souverain, de déter-
miner le système de gouvernement qui allait régir la France.

Ce fut le Régent qui eut gain de cause ; le testament fut cassé, et
pour acquitter sa dette de reconnaissance, il rendit au Parlement
la liberté de remontrances.

Le Parlement avait acquis cette indépendance et cette puissance
en ayant la faculté de se recruter lui-même, et en disposant des

(1) Mémoires de Saint-Simon, t. III, p. 316.
(2) *Mémoire du Garde des sceaux Marcillac au cardinal de Richelieu* (Mss. de la
Bibl. Nat., supp. 98, fol. 91).

fonctions par l'hérédité et la vénalité. Enivré de ses succès, il tendit à devenir un corps aristocratique, oubliant ses origines bourgeoises, et se séparant du Tiers-Etat pour former ce qu'on appelle « une noblesse de robe ». Il prétendait cependant représenter la Nation à défaut et en l'absence des Etats-Généraux. Il se considérait comme un corps politique ayant mission de limiter et réprimer l'arbitraire royal, et d'empêcher la monarchie de dégénérer en despotisme. Il fut, dans ce rôle, soutenu par l'opinion publique, surtout lorsque, s'inspirant de l'esprit janséniste qui animait la plupart de ses membres, il fit au clergé une vive opposition et refusa d'enregistrer la bulle *unigenitus*, qui, ne portant que sur des points de scolastique religieuse, ne méritait guère cette retentissante controverse.

Décrire les luttes qu'il eut à soutenir avec beaucoup d'obstination et de courage, ses revers et ses succès, ses exils et ses retours triomphants, ce serait faire l'histoire du siècle et sortir du cadre qui nous est imposé par cette étude.

Il termina sa carrière en refusant d'enregistrer l'édit du timbre présenté par Loménie de Brienne, à moins qu'on ne lui soumette les états de recettes et dépenses, ce qui lui fut refusé (1). Alors, il demanda la convocation des Etats-Généraux, seuls capables de voter un impôt permanent. Elle fut ordonnée par le ministre Necker, et les Etats se réunirent à Versailles le 5 mai 1789 (2).

C'était la révolution qui s'annonçait et commençait. Le Tiers-État, laissé si longtemps dans l'oubli, faisait sa rentrée, plein de vigueur et de jeunesse. Depuis la dernière réunion de 1614, il n'avait plus donné signe de vie que dans les pays d'Etats, où l'Assemblée des trois ordres était convoquée périodiquement pour consentir l'impôt et voter le don gratuit ; mais sous le règne de Louis XIV les réunions furent plus rares, et les délibérations devinrent de vaines formalités, d'où était bannie toute liberté de discussion ; aussi, au cours des xviie et xviiie siècles, on les vit tomber en désuétude dans beaucoup de provinces (3). Lors de son

(1) 6 juillet 1787.
(2) 7 août 1790.
(3) P. Boiteau, *État de la France en 1789*, p. 99.

premier ministère, en 1778, Necker, pour essayer d'apporter quelque uniformité dans l'administration, voulut, en dehors des pays d'Etats, créer des Assemblées provinciales chargées de la répartition des impôts, et Calonne, en 1787, proposa aux notables un plan complet de réformes qui devait généraliser la mesure en l'étendant à toute la France; c'était une sorte de révolution administrative, mais incapable d'arrêter la grande révolution politique, où allait s'effondrer la vieille monarchie française, avec ses privilèges, avec ses castes, pour fonder sur ses débris le principe désormais indestructible de l'égalité civile.

Déjà ce principe se faisait sentir dans le règlement établi pour la convocation des États-Généraux. Le droit de suffrage fut reconnu à tout individu majeur de 25 ans, fût-il domestique à gage, inscrit au rôle des contributions. C'était l'avènement du suffrage universel, qui allait devenir la loi suprême des sociétés modernes, et ce fut la victoire du Tiers-Etat, devenu la nation toute entière.

On a dit que ce fut aussi et surtout la victoire de la bourgeoisie, mais c'est une méchante équivoque, née de l'ignorance ou du parti pris; car, même sous l'ancien régime, le troisième ordre n'était pas composé seulement de la bourgeoisie; ce n'était point une classe supérieure, partageant avec la noblesse et le clergé le privilège de siéger aux États-Généraux. Le Tiers-État était déjà « la nation entière », moins la noblesse et le clergé; c'était la masse du peuple, sans distinction de francs ou serfs, de bourgeois ou de paysans (1). Aussi, lorsque les trois ordres furent réunis en une seule Assemblée, dont les membres votaient par tête, Bailly, son président, put dire aux applaudissements de tous : la famille est complète.

Et l'affirmation de Sieyès, dans son fameux pamphlet : *Qu'est-ce que le Tiers-Etat? Tout*, devint une vérité.

De ce jour, l'ancienne bourgeoisie, la bourgeoisie historique, la classe bourgeoise en un mot, a disparu, fondue avec la noblesse et le clergé dans le creuset révolutionnaire qui a fait de tous les Français des citoyens égaux.

(1) Aug. Thierry. *Histoire du Tiers-Etat*, p. 3 et 39.

TABLE DES MATIÈRES

Première Partie

BOURGEOISIE ET PEUPLE

Deuxième Partie

LA BOURGEOISIE DANS LE PASSÉ

www.ingramcontent.com/pod-product-compliance
Ingram Content Group UK Ltd.
Pitfield, Milton Keynes, MK11 3LW, UK
UKHW021718130726
13696UKWH00004B/1905